Y como
Estrellas
a
Perpetuidad

Gráficas a Color

Ana Méndez Ferrell

Voice Of The Light
MINISTRIES

COMO ESTRELLAS A PERPETUIDAD

Publicado por: Ministerio Voz de la Luz / Estados Unidos de América
Teléfono: +1.904.834.2447
Categoría: Reino
Diseño / Edición: Ana Méndez Ferrell
Diagramación: Andrea Jaramillo

Revista a color del libro Como Estrellas A Perpetuidad

www.voiceofthelight.com | www.vozdelaluz.com
1° Edición Español 2020, VOTL - P.O. Box 3418 Ponte Vedra, Florida, 32004 / E.E.U.U.

ISBN: 978-1-944681-34-0

Agradezco a mi Padre Celestial, a mi amado Jesucristo y a Su Santo Espíritu por todas las revelaciones expuestas en este libro. A Dios sea toda la Gloria

Dedico este libro a todos los hijos de Luz que van a resplandecer como estrellas eternamente. A esa nueva generación que se levanta con el único objetivo de ser Luz para que Dios sea conocido y glorificado en las naciones.

Lo dedico también a mis nietos León y Karem, a quienes llevo en mi corazón como una antorcha encendida con el fuego del amor de Dios. Ellos llevarán el brillo y el estandarte a más de una generación.

Shamayin , Raquia

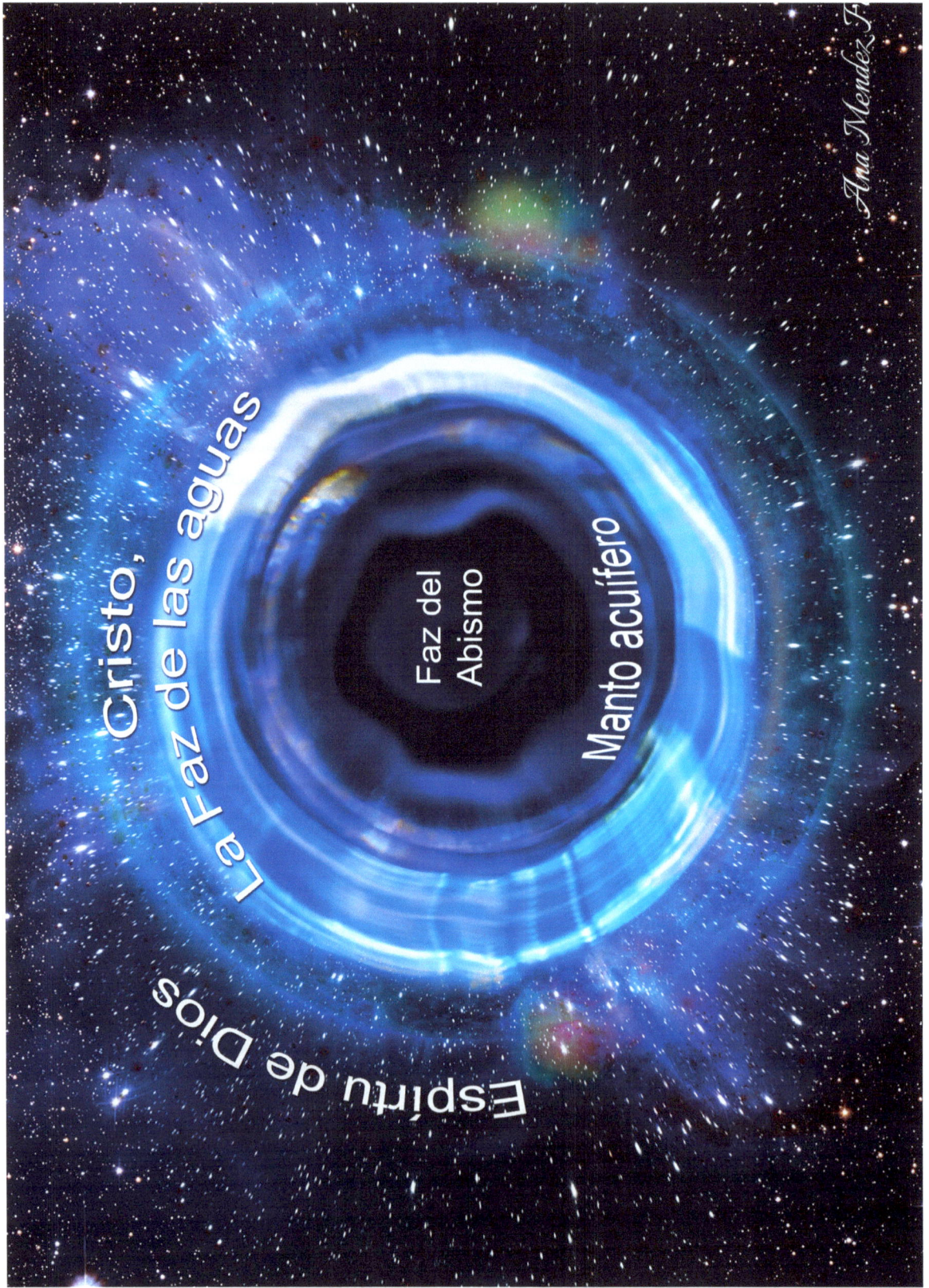

Las aguas de arriba y las del abajo sobre la faz del abismo

Conforme al celestial, también los celestiales

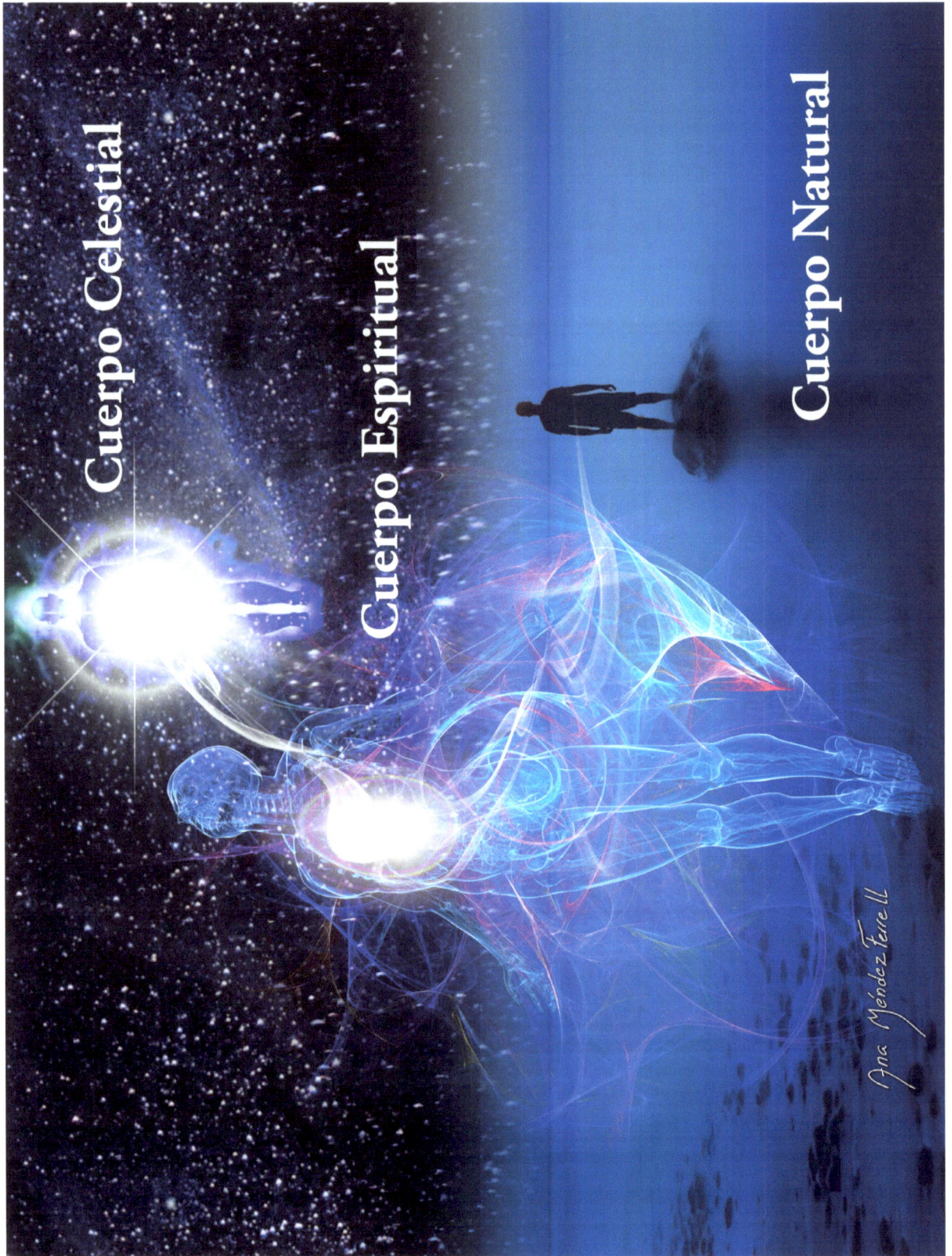

Cuerpo Celestial, Cuerpo Espiritual, Cuerpo Natural

Somos la luz y tenemos el poder para deshacer el falso Raquia

Las luminarias señorean, separando el día y la noche

Los cuatro seres vivientes, el Raquia, y el trono de Dios

La nueva Jerusalén recubriendo nuestro ser celestial

Cuando Nazco de nuevo me uno a mi ser celestial

Mi ser en Jesús, y Jesús en la Nueva Jerusalén

YO Celestial

Espíritu

Alma

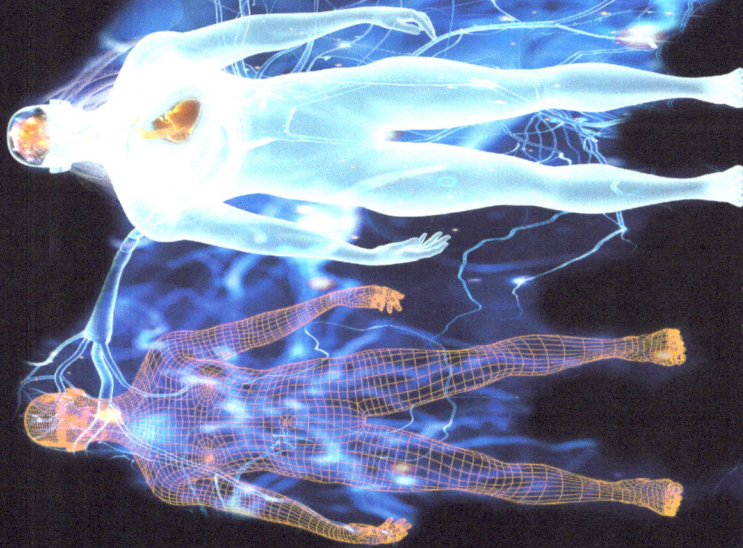

Estructura del YO, mi creación

Las dos personas

Somos puertas para que lo celestial se manifieste en la tierra

El Raquia Reflejado En La Tierra

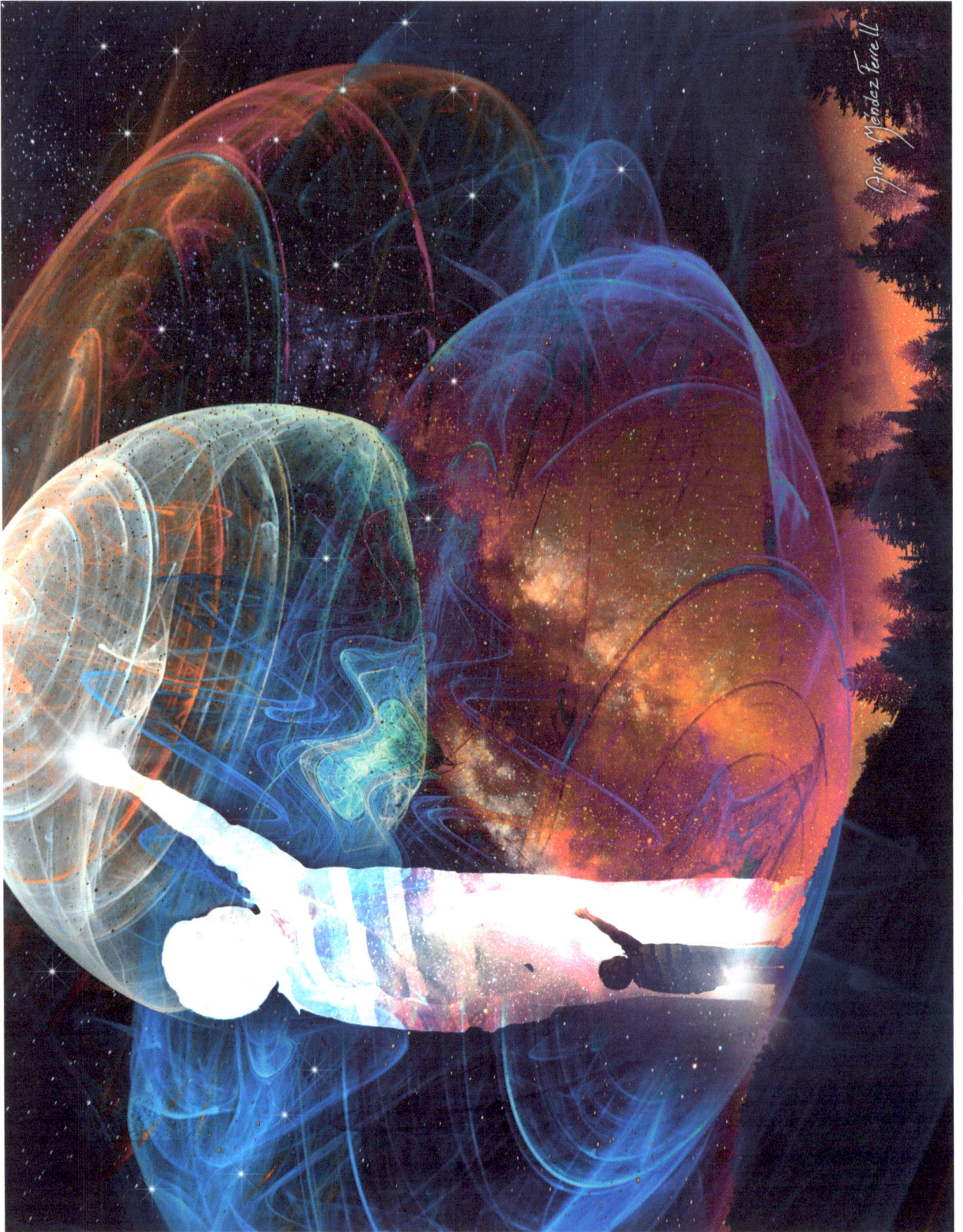

Mi Yo Celestial

Les Invitamos a ver los Entrenamientos Proféticos

Si este libro le gustó, le recomendamos también

El Espíritu Del Hombre

Es entendiendo de dónde venimos y a imagen de Quién fuimos creados que podemos encontrar nuestra verdadera identidad y el poder que nos ha sido concedido.

En este libro de profunda revelación espiritual, la autora nos lleva a descubrir la anatomía de nuestro ser invisible. Aprenderá cómo fuimos concebidos y las diferentes funciones de cada parte de nuestro espíritu, alma, y corazón. Este misterio ha estado escondido por siglos y que ahora Dios nos lo da a conocer. Descubrirá también:

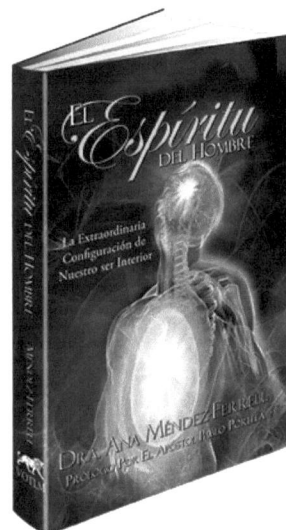

-Cómo llegar a su más alto potencial espiritual

-Cómo se interrelaciona su ser tripartito

-El origen espiritual de la enfermedad y la salud

Un verdadero legado de conocimiento que lo llevará al crecimiento espiritual que siempre ha anhelado.

www.vozdelaluz.com

Si este libro le gustó, le recomendamos también

Sentados En Lugares Celestiales

Esta nueva edición **revisada y mejorada** de Sentados en Lugares Celestiales, presenta nuevas revelaciones de los Hijos de Dios que se levantan alrededor del mundo. Este es un libro de Reforma que incorpora elementos claves para entender el Gobierno de Dios y experimentar Su poder en nuestras vidas.

Esta es una obra que desafía SU ser para el Señor lo tome y lo siente en SU Trono. Estas páginas, escritas por Ana Méndez Ferrell, lo llevarán a entender el ámbito espiritual y le ayudarán a penetrar los lugares más bellos y las dimensiones más profundas del Espíritu. De esta manera, usted será conducido para ver y conocer a Dios, no solo cuando muera, sino que AQUÍ y AHORA.

Adquiérelo en

www.vozdelaluz.com

Veanos en **Frecuencias de Gloria TV** y **YouTube**
Síguenos en **Facebook**, **Instagram** y **Twitter**

www.frecuenciasdegloriatv.com
www.youtube.com/user/vozdelaluz

https://m.facebook.com/AnaMendezFerrellPaginaOficial
www.instagram.com/anamendezferrell
www.twitter.com/MendezFerrell

Contactenos en

Ministerio Voz De La Luz
P.O. Box 3418
Ponte Vedra, FL. 32004
USA
904-834-2447

www.vozdelaluz.com

como Estrellas a Perpetuidad

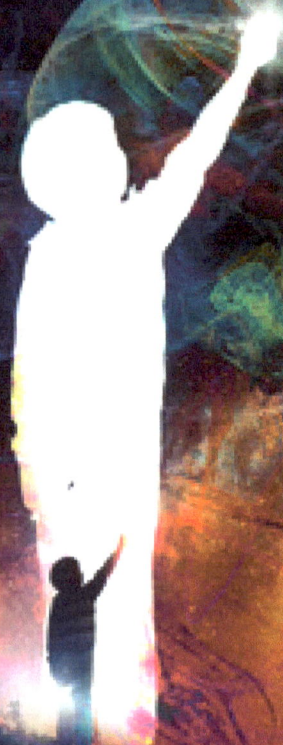

Voice of The Light Ministries
P.O. Box 3418
Ponte Vedra, FL 32004
www.vozdelaluz.com
Todos los derechos reservados

www.ingramcontent.com/pod-product-compliance
Lightning Source LLC
Chambersburg PA
CBHW042113040426

42448CB00002B/250